Couverture :
Femme nue assise dans un fauteuil rouge, 1897, huile sur carton marouflé sur contre-plaqué, 28 x 28 cm, Grenoble, musée de Grenoble

Pages de garde :
Roger et Angélique (détail), 1896, xylographie, 17,9 x 22,4 cm (planche), Paris, Bibliothèque nationale de France, département des Estampes et de la Photographie

254-256, rue de Bercy, 75012 Paris
ISBN : 978-2-7118-6143-9

Laurence des Cars

LE PETIT DICTIONNAIRE VALLOTTON EN 21 OBSESSIONS

« Quelque chose me ronge que je n'ose m'avouer à moi-même. »

Félix Vallotton, *Journal,* 20 septembre 1921

À première vue, le monde de Vallotton est d'accès facile et de lecture aisée. Il présente tous les signes de reconnaissance immédiate que notre culture visuelle sait associer à une certaine modernité historique, ceux du postimpressionnisme de fin du XIXe siècle pour la première partie de l'œuvre, comme ceux de la familiarité avec l'image photographique et cinématographique pour les productions plus tardives. Fondamentalement figuratif, cet univers déploie un attachement au sujet et à la narration qui le place certes dans une longue tradition réaliste, mais qui le mettra aussi à distance, pour ne pas dire à la marge, des avant-gardes les plus radicales des débuts du XXe siècle. L'affaire pourrait donc être vite entendue. Artiste entre deux siècles – il est né en 1865 et meurt en 1925 –, entre deux pays – la Suisse et la France –, Vallotton proposerait un art médian, un juste milieu esthétique, frayant avec le synthétisme nabi dans les années 1890 mais revenant après 1900 vers un réalisme classicisant qui définirait les marques d'un « retour à l'ordre » avant l'heure. Deux temps qui correspondent commodément à l'avant et à l'après de la « révolution », selon le mot de son ami Édouard Vuillard, de son mariage hautement bourgeois avec Gabrielle Rodrigues-Henriques en 1899. Rapide et caricaturale, cette analyse ne résiste pas à un regard plus attentif porté à l'œuvre, qui est précisément l'objet de cet ouvrage. En effet, pour peu qu'on s'en rapproche, la peinture, la gravure et les écrits de Vallotton distillent immédiatement un doute, une ambiguïté de propos qui se révèlent être la nature profonde de leur expression. Si cet art joue bien d'un sens brillant du contraste et de la composition, ce n'est pas tant par goût de la mesure, mais parce qu'il est profondément instable. À regarder sous la surface lisse de la matière, on trouve une forme d'inconscient des images qu'il est passionnant d'explorer. Levons cependant ici une possible confusion quant à l'emploi d'un vocabulaire psychanalytique, qui affleure à plusieurs reprises dans les titres et les textes des entrées de ce petit dictionnaire. Cette référence n'est ici entendue qu'avec beaucoup de légèreté et de distance, et essentiellement un sens culturel très large, où le concept peut assurément devenir un cliché du moment qu'il nous permet d'aller sous les apparences et de suggérer une interprétation. Dans cette grille de lecture, l'allusion à la théorie freudienne, par ailleurs absolument contemporaine de l'œuvre, rejoint d'autres domaines culturels, comme l'histoire de la peinture, la littérature et le théâtre de l'époque ou le cinéma. Cette mise en contexte, qu'il faut régulièrement recroiser avec une délicate mais évidente part autobiographique, permet de proposer quelques décryptages des non-dits les plus flagrants de l'artiste et de son œuvre. C'est donc un regard oblique, partiel et de parti pris que nous portons sur cette œuvre à clés multiples. Tous les genres ne sont pas également considérés. Peu de portraits, pas de paysages, sinon les visions d'apocalypse de la Première Guerre mondiale, mais une insistance assumée, pour les besoins de la cause, sur les scènes d'intimité et les nus, pointant le plus directement vers les zones d'ombre de la psyché.

Bien que lisse en surface et clairement ordonné, le monde de Vallotton se révèle extrêmement violent. L'instabilité déjà mentionnée est celle qui résulte des tensions conjugales, sociales et politiques qui parcourent constamment l'œuvre. Distanciées, refoulées ou libérées et déchaînées, les pulsions dénoncent un malaise. Elles exposent tous les symptômes d'une comédie sociale et intime, que Vallotton épingle la plupart du temps avec une ironie ravageuse. Pour autant, le registre de l'artiste n'est que rarement celui de la colère ou de la révolte. On sait ses sympathies anarchistes de jeunesse, mais son engagement reste prudent, et la charge de ses images les plus politiques semble se dissoudre dans un constat nihiliste intériorisé qui en dit plus sur l'homme que sur le climat de son époque. Car cet exercice de décodage de l'image ne peut bien sûr faire l'économie de la part projective la plus directe de l'artiste dans ses créations. Plus disert sur lui-même à l'écrit qu'en peinture ou en gravure, Vallotton confie ainsi à son *Journal* en juillet 1921 : « Pour ce qui est du fond de moi-même, il n'y a guère que le papier d'assez docile et d'assez muet. » Le non-dit et le secret, quand ce ne sont pas les modalités plus dramaturgiques du mystère et de l'ellipse narrative, sont donc les modes d'expression privilégiés et paradoxaux de l'artiste. Un tel choix ouvre bien sûr un champ interprétatif très large, que Vallotton s'est sans doute plu à susciter. Il suffit de songer aux cartouches faussement explicatifs du chef-d'œuvre gravé qu'est la suite *Intimités,* ou à la surprenante réactivation de l'iconographie mythologique pour comprendre que l'image est là pour provoquer la pulsion fictionnelle et exciter les mécanismes de l'imaginaire le plus intime du spectateur. À ce jeu, nous sommes tous un peu voyeurs devant l'œuvre de Vallotton, tant celle-ci fonctionne sur l'une des associations les plus fécondes de la peinture occidentale, celle du regard et du plaisir. L'image ne se livre jamais donc tout entière, au premier degré. Il y a toujours plus à voir et à dire que l'immédiate séduction de sa réussite plastique, car son vrai ressort est celui de l'interdit, de ce qui ne s'énonce pas et se montre encore moins. Pour franchir ce pas, nous nous sommes donc amusé à dresser un petit catalogue de névroses et d'obsessions, qui se croisent et se recroisent pour former la trame fantasmatique du monde imaginé par celui que Thadée Natanson appelait le « très singulier Vallotton ».

AMBIGUÏTÉS

Sommet du talent graphique de Vallotton, *Intimités* est une suite de dix gravures sur bois réunies dans un album in-folio, tirées à trente exemplaires, par les éditions de La Revue blanche en 1898. À bien des égards, et alors que Vallotton traverse sur le plan personnel une période de crise qui accompagne sa décision d'épouser Gabrielle Rodrigues-Henriques, l'ensemble est une synthèse de sa vision pessimiste et désenchanté du couple. Parfaitement cohérente quant à son propos, et extrêmement séduisante sur le plan plastique, la force novatrice du projet de Vallotton repose en fait sur l'exploration de plusieurs ambiguïtés de fond et de forme, qui bousculent les paramètres habituels du rapport de l'image au sujet et au récit. Ainsi, la succession des planches ne répond pas à une narration continue, mais compose un récit séquentiel qui permet aux œuvres d'exister isolément les unes des autres. À la manière du cinéma naissant, chaque gravure présente un cartouche portant un titre, plus destiné à donner le ton général de la scène qu'à l'éclairer en détail. Cette structuration trouve un parallèle littéraire dans *La Maîtresse* de Jules Renard, que Vallotton venait d'illustrer, et dans *Mariés* d'August Strindberg, découpés en courts chapitres ou nouvelles, et jouant de l'ellipse pour suggérer ce qui ne peut être vu ou dit. Libéré de la contrainte narrative, Vallotton a tout loisir de mettre en situation des archétypes, plus que des personnages, laissant le spectateur devant l'incertitude du statut matrimonial des protagonistes. La tragi-comédie du désir et du désamour ordinaires est donc jouée avec une distribution aléatoire, où la projection supposée du mari et de la femme, de l'amant et de la maîtresse, facilite d'autant plus la catharsis émotionnelle et sociale avec le spectateur. C'est d'ailleurs cette capacité d'identification que Thadée Natanson

Série *Intimités*, I et II
Le Mensonge
Le Triomphe
1897-1898
xylographies
Cabinet d'arts graphiques des musées d'Art et d'Histoire de la Ville de Genève

FV
LE MENSONGE

LE TRIOMPHE
FV

Série *Intimités*, III à VIII
La Belle Épingle
La Raison probante
L'Argent
Le Grand Moyen
Cinq heures
Apprêts de visite
1897-1898
xylographies
Cabinet d'arts graphiques des musées d'Art et d'Histoire de la Ville de Genève

avait retenue dans sa chronique de *La Revue blanche* : « On rit, on frémit, on s'attendrit, on s'indigne, on frissonne. Le délicieux, l'inquiétant spectacle. » Fidèle à son détachement d'observateur, Vallotton ne suggère aucun jugement moral, et dresse un constat factuel et glaçant. La violence sous-jacente du propos exsude par l'approche plastique radicale que l'artiste développe dans ces bois gravés. Jamais l'espace n'aura été aussi oppressant et bouché, enfermant les uns et les autres dans une comédie de mœurs grinçante et névrosée. Aucune échappatoire n'est possible dans ces huis clos sentimentaux, et l'implacable discours suggère la fatalité d'un échec prévisible. Le noir, et

CINQ HEURES
FV

APPRETS DE VISITE
F.V.

son opacité physique et symbolique, envahit l'image, dégageant dans la même remarquable économie de moyens dramatiques les décors et les couples. Fonctionnant dans une unité thématique, la série indique cependant un ordre de lecture, avec un premier ensemble dédié à l'argent (*La Belle Épingle, La Raison probante* et *L'Argent*), un deuxième évoquant plus explicitement l'adultère (*Cinq heures, Apprêts de visite, La Santé de l'autre*) et un troisième traitant de l'inévitable affrontement qui en résulte (*Le Mensonge, Le Grand Moyen, Le Triomphe* et *L'Irréparable*). Binaires par la nature même de leur construction en oppositions contrastées, ces œuvres reposent également sur une dialectique de l'union (*Le Mensonge, La Belle Épingle, La Raison probante, Cinq heures, La Santé de l'autre*) et de la désunion (*Le Grand Moyen, Le Triomphe* et *L'Irréparable*), de l'enlacement amoureux à la séparation de corps. Vallotton distribue les rôles sans nuances, signant au passage une de ses déclarations les plus misogynes. La femme est invariablement tentatrice et cupide, et l'homme inéluctablement faible et crédule. Seul *L'Argent* place à égalité les ignominies féminines et masculines devant la sordide négociation de l'échange financier et sexuel. Décidément inspiré par ces microfictions vaudevillesques et cruelles, Vallotton entreprit, peu après l'achèvement d'*Intimités*, de peindre une série de six *Intérieurs avec figures*. Exposées à la galerie Durand-Ruel en 1899, les toiles ne sont pas de simples transcriptions en peinture de la suite gravée. Elles réinterprètent par d'autres moyens la trame thématique déjà établie, infléchissant sans doute quelque peu son propos initial. À ce jeu, elles se montrent en effet plus proches d'une narration continue, en donnant à l'homme les mêmes traits d'une œuvre à l'autre, suggérant l'évocation de

Série *Intimités*, IX à X
La Santé de l'autre
L'Irréparable
1897-1898
xylographies
Cabinet d'arts graphiques des musées d'Art et d'Histoire de la Ville de Genève

FV
LA SANTE DE L'AUTRE

L'IRREPARABLE
FV

conquêtes successives. Parfaites boîtes théâtrales, les toiles dégagent plus d'espace et de perspective et, ce faisant, accordent une place déterminante aux décors, objets et accessoires. Là où les gravures mêlaient dans un indistinct malaise les êtres et les choses, le contexte devient ici un acteur à part entière de la comédie, ce que Gustave Geffroy n'a pas manqué de noter dans son commentaire : « Non seulement les personnages jouent merveilleusement leurs rôles, mais aussi les meubles, comiques d'une façon si singulière par leur étoffe, leur emplacement, la simplification d'existence qu'ils prennent. » *La Chambre rouge* et *La Visite,* qui partagent d'ailleurs le fauteuil rouge si souvent complice de Vallotton dans ses intérieurs, se révèlent particulièrement éloquentes dans ces nouvelles règles de mise en scène. Exacerbées par des couleurs violentes quasi expressionnistes, les deux toiles accompagnent l'avant et l'après de l'acte coupable. Décentrés, entrant et sortant du champ, les couples laissent le décor parler de l'indicible, à l'instar de l'hystérie ornementale détonante des tapis de *La Visite* qui indique la tension de l'instant. *La Chambre rouge* propose un dispositif encore plus dense et sophistiqué, laissant le goût de la métonymie si chère à Vallotton s'épanouir pleinement. Les accessoires féminins de la visite s'exposent sur le rouge symboliquement surchauffé de la table, tandis que des œuvres appartenant à Vallotton achèvent une appropriation ambiguë de la scène par son auteur. Alors que le buste du peintre trône sur la cheminée, encadrée par deux estampes japonaises d'Utamaro représentant des courtisanes, on aperçoit le reflet fragmentaire d'une toile capitale d'Édouard Vuillard, *Intérieur aux six personnages* (Zurich, Kunsthaus), qui a pour sujet le drame familial provoqué par les nombreuses infidélités de son beau-frère, le Nabi Ker-Xavier Roussel.

La Visite
1899
tempera sur carton
55 × 87 cm
Zurich, Kunsthaus Zürich

La Chambre rouge
1898
tempera sur carton
50 × 68,5 cm
Lausanne, musée cantonal des Beaux-Arts

COMPLEXE

1885. Vallotton a vingt ans et n'est encore qu'un artiste suisse qui vit à Paris depuis trois ans. Il suit alors le parcours initiatique, devenu cliché, du jeune homme étranger venu se former, exposer et se frotter à l'effervescence intellectuelle et artistique de la capitale. Premier autoportrait des neuf que Vallotton peignit au cours de sa carrière, *Autoportrait à l'âge de vingt ans* est un exercice de révélation et d'invention d'un artiste en devenir, exposé au Salon des Artistes français en 1886. Sous le faire sage et classique qui avoue la relecture incessante de la tradition réaliste européenne, on pressent tout le non-dit d'une personnalité complexe et secrète. Le jeune homme ne livre rien et instaure déjà une distance analytique, froide et implacable, qui sera sa signature la plus pérenne. À l'occasion d'une étude consacrée aux Holbein, notamment les portraits, du musée de Bâle, Vallotton livrera une des clés de sa conception de la représentation : « L'artiste s'efface devant le modèle. Cette impersonnalité devant la nature est, du reste, avec son extrême science, le plus clair, de la gloire du peintre. » Rencontrant l'artiste quelques années après ce premier autoportrait, Thadée Natanson, le fondateur de la célèbre revue d'avant-garde des années 1890, *La Revue blanche*, livrait cette impression, illustrée par l'*Autoportrait* de 1897 : « Vallotton [...] nous était arrivé très jeune et très mince, blond, le visage ovale et à peine asymétrique, très peu moustachu mais avec un rien de barbiche. Il marchait de côté, attentif à ses pas. Si son vêtement montrait un peu de corde, ce devait être de n'avoir été que trop soigneusement brossé. Il avait l'air constamment sur ses gardes. »

Autoportrait à l'âge de vingt ans
1885
huile sur toile
70 × 55,2 cm
Lausanne, musée cantonal des Beaux-Arts

Au-delà de l'interrogation de son apparence physique, et sa part de narcissisme juvénile implicite,

F. Vallotton
Paris 1885

Vallotton livre en 1885 une de ses premières quêtes de psychologie profonde et dérangeante. Comme beaucoup à cet âge, l'artiste ne s'aime pas et distille le léger malaise d'une quête d'identité qui ne va cesser de grandir autour de contradictions plus ou moins conciliées. Entre l'envie de la réussite matérielle, que son milieu et son éducation ne pouvaient qu'encourager, et l'autonomie artistique, le risque de la marginalité, Vallotton est en perpétuelle tension. Modèle et spectateur, figé dans une pose indécise et détournée, dictée par l'usage du miroir que ce genre d'exercice oblige, se détachant sur un fond neutre mais revendiquant dans sa signature le lieu de cette première audace, Vallotton ne tranche pas et suggère déjà un monde de sous-entendus.

Autoportrait
1897
huile sur carton
59,2 × 48 cm
Paris, musée d'Orsay

DÉSIR

Immense artiste du refoulement et de la distanciation, Vallotton a logiquement moins exploré la plénitude du désir. La xylographie intitulée *La Paresse* apparaît donc comme une exception heureuse et légère dans la noirceur des *Intimités* graphiques de l'artiste. L'indolence grivoise de la composition se déploie, et le fait est assez rare chez Vallotton, sur un premier degré dépourvu de réels enjeux narratifs. Toute l'image est construite sur le dialogue contrasté du décor et des corps de la femme et du chat, unis dans la blancheur de la gravure laissée en réserve. Seule cette association femme-animal, évidente allusion érotique venue du fond de l'iconographie classique, apporte une nuance symbolique à la virtuosité formelle de l'ensemble. De façon significative, Vallotton délaisse un instant la rigueur essentiellement orthogonale de son écriture graphique pour jouer d'une esthétique plus chantournée, à l'évidence marquée par l'Art Nouveau. Le monde brillant et pervers de l'Anglais Aubrey Beardsley, parfaitement contemporain de cette œuvre, vient immanquablement à l'esprit. Vallotton, ici sensuel et séduisant, quitte un peu sa note singulière pour rejoindre une certaine célébration fin de siècle de la femme *fatale*, entre fascination et répulsion.

Cinq heures ou *Intimité* est à l'inverse une variation sur l'accomplissement du désir mise en scène avec les paradigmes désenchantés et violents que Vallotton applique à la représentation de la rencontre amoureuse et sexuelle. Peint peu après la réalisation de l'album des *Intimités*, ce tableau appartient à la série des six *Intérieurs avec figures* exposée par le peintre en 1899 à la galerie Durand-Ruel. Transposant en peinture les thèmes et le style de la suite gravée, Vallotton accentue l'expressionnisme de la comédie

La Paresse
1896
xylographie
17,7 × 22,3 cm (planche)
Cabinet d'arts graphiques des musées d'Art et d'Histoire de la Ville de Genève

LA PARESSE
FV

grinçante de la séduction. Autour du couple, la composition est scandée par les contours marqués et les surfaces en aplat du décor, où le paravent du premier plan creuse la perspective autant qu'il souligne le voyeurisme du spectateur invité à observer une scène cachée. Le décor et tous les accessoires, dans leur traduction lumineuse très contrastée, et leur chromatisme intensément irréel, signifient la passion de l'étreinte et le contexte ambigu de celle-ci. L'inconscient affleure sous la géométrie des choses, permettant à Vallotton de suggérer un monde perçu sous l'emprise de la pulsion érotique. L'homme, qu'on retrouve dans toutes les toiles de cette série, voit son corps se confondre avec le lieu du plaisir, un fauteuil rouge, véritable second protagoniste d'aventures inavouables. Le titre même – *Cinq heures* – suggère le rendez-vous clandestin, l'instant volé aux conventions et un désir assouvi dans le secret. L'étreinte, véritable acmé dramatique du désir, ne cesse chez Vallotton d'être inquiétante. La fusion des corps, le caractère inéluctable de l'union, met en jeu le rapport à l'altérité. Ce sont ici deux prédateurs qui s'unissent dans un baiser fatal pour l'autre. Vallotton n'est ici pas très loin des images les plus frappantes du vampirisme sexuel de ses contemporains Max Klinger et Edvard Munch, qui nourriront l'imaginaire visuel d'un cinéaste comme Alfred Hitchcock, qui, selon le mot de François Truffaut, filmait les scènes d'amour comme des meurtres.

Cinq heures ou *Intimité*
1898
tempera sur carton
35,5 × 58 cm
collection particulière

ENFERMEMENT

La peinture de Vallotton est à bien des égards un théâtre clos. Contemporain, et parfois acteur, de la génération nabie et symboliste, le peintre fut à l'évidence sensible à la réforme de la scène qui eut lieu au tournant des années 1890 autour de figures telles qu'André Antoine au Théâtre-Libre et Aurélien Lugné-Poe au théâtre de l'Œuvre, ou du poète et dramaturge Maurice Maeterlinck, dont Vallotton livra un portrait gravé pour *Le Livre des masques* de Remy de Gourmont en 1896. Il réalisa aussi en 1894 pour le théâtre de l'Œuvre le programme lithographié du *Père* d'August Strindberg, ainsi qu'un portrait xylographié de Henrik Ibsen. Au-delà de ces connivences esthétiques et intellectuelles nouées autour de la transcription scénique et picturale du tragique quotidien, le lien entre scénographie et peinture est omniprésent dans les scènes d'intérieurs de Vallotton. Cette dramaturgie intime qui fait de quasiment chaque intérieur une scène d'une même pièce trouve sa cohésion, son unité de ton, dans le sentiment d'enfermement, d'oppression physique et psychologique qui en résulte. Cette note entêtante et continue dans son œuvre s'est exprimée dans des registres divers. Ainsi, *La Malade,* sous les auspices d'un réalisme minutieux admiré chez les peintres hollandais, et dans la tradition suisse de Jean-Étienne Liotard à Albert Anker, relève d'une transcription littérale du cadre scénique dans la peinture de genre. Le sujet banal – la maîtresse de l'artiste alitée se fait servir par une domestique – devient un objet dramatique refermé sur lui-même, centré sur le lien narratif et social des deux protagonistes. Autre cadre, autre scène, *Le Poker*, où Vallotton utilise l'espace, le décor et le mobilier pour exprimer son sentiment d'aliénation envers sa belle-famille, la dynastie Bernheim, ses codes et ses rites de grands marchands d'art parisiens. L'espace est à nouveau complètement clos, étouffant de tentures

Intérieur, femme en bleu fouillant dans une armoire
1903
huile sur toile
81 × 46 cm
Paris, musée d'Orsay

et de boiseries, la lumière distribuée en trois échos, dont le fantomatique reflet au premier plan d'un abat-jour décoré par l'artiste, ponctue une perspective accélérée, absolument subjective à la mesure du malaise du peintre. Rejeté à l'arrière-plan, le groupe des joueurs est inatteignable physiquement, comme il l'est affectivement et socialement pour Vallotton. Derrière l'espace dénudé de la table, le peintre avoue son angoisse silencieuse.

Très marqués par le goût nabi, notamment celui d'Édouard Vuillard, pour un monde domestique subjectivé par l'expérimentation formelle et le sens du mystère visuel, *Femme fouillant dans un placard* et *Intérieur, femme en bleu fouillant dans une armoire* sont deux variations sur le même thème de l'impasse visuelle, de portes qui ne s'ouvrent que sur le clos et l'accumulation. Le format en hauteur accentue l'étroitesse des espaces, et les figures de dos, Gabrielle, l'épouse de l'artiste dans les deux cas, projettent la présence du spectateur dans la scène. Deux notes pourtant se font ici entendre. Celle de *Femme en bleu* est distinctement celle d'un quotidien naturaliste et poétique, happant la figure féminine dans les textures et les motifs d'un coin d'atelier de Vallotton, situé au 59, rue des Belles-Feuilles. Le choix du cadrage, la fuite vers l'angle banal de la pièce, le refus du portrait et de la narration intriguent mais restent soumis à une virtuosité picturale délectable. Sensiblement plus inquiétant, *Femme fouillant dans un placard* n'est pas que la simple version nocturne de l'œuvre précédente. Vallotton explore ici le thème du secret derrière la porte, de la paranoïa du regard que suscite l'inconnu et ce qui échappe à l'évidence de la lecture rationnelle. Proche de l'image rêvée cauchemardesque, la toile fait précisément appel à des dispositifs visuels

La Malade
1892
huile sur toile marouflée
et parquetée
74 × 100 cm
collection particulière

Le Poker
1902
huile sur carton,
52,5 x 67,5 cm
Paris, musée d'Orsay

primitifs et liés au monde de l'enfance, très prisés par l'avant-garde symboliste et nabie. Ainsi, la scène bascule dans l'inquiétante étrangeté du quotidien grâce à une opposition lumineuse radicale, un sens de l'ombre proprement théâtral, où la silhouette agenouillée rappelle l'influence du théâtre d'ombres du cabaret montmartrois du Chat noir, que Vallotton fréquenta beaucoup. Rappelons également que la passion du contraste lumineux amena le peintre à réaliser en 1896 quarante peintures sur verre pour une lanterne magique commandée par une grande mécène du cercle nabi, Mme Desmarais. Fausse naïveté esthétique, radicalité de la vision et affleurement de l'inconscient se côtoient constamment entre les murs du monde de Vallotton.

Femme fouillant dans un placard
1901
huile sur toile
78 × 40 cm
collection particulière, Suisse

ÉROS MYTHOLOGIQUE

Le monde antique, présent par sa mythologie et par un héritage artistique constamment redécouvert, offre un répertoire à la fois proche et lointain, assez familier mais suffisamment dérangeant pour que Vallotton en éprouve la force symbolique dans quelques toiles intrigantes peintes dans les premières années du XXe siècle. À l'âge du positivisme et du progrès technique, ces figures mythologiques surgissent dans la modernité avec la force perturbante du décalage, du contretemps apparent. Vallotton ne les convoque pas pour suivre à la lettre une représentation illustrative des mythes, mais éprouve la puissance d'évocation de sa capacité créative. Il prend le risque de l'incompréhension, voire du ridicule, mais il va jusqu'au bout de sa volonté de prêter une forme expressive à des pulsions vitales, plus ou moins avouables. C'est donc par l'exploration des structures primitives mythologiques, et par la force de leurs mises en représentation, que le peintre s'autorise certaines de ses explorations les plus osées du désir. De David à Gustave Moreau, en passant le crucial moment ingresque, tout le XIXe siècle s'était passionné par d'incessantes relectures des fables et de leur potentiel érotique. Assumant cet héritage, qui trouvera une de ses conclusions dans la naissance de la psychanalyse, mais y ajoutant l'apport libératoire de l'iconographie fantasmatique de son compatriote et contemporain Arnold Böcklin, Vallotton détourne et démythifie le vieux fonds classique, lorsque Pierre Bonnard ou Ker-Xavier Roussel en célèbrent toujours l'hédonisme éternel. C'est bien un mélange des genres, assez typiquement germanique, que Vallotton pratique à l'égard du sujet mythologique, en livrant des œuvres doubles, à la fois hommages et satires, une ambivalence que Heine avait définie avec *Les Dieux en exil* dès 1853, et que l'on retrouvera en

L'Enlèvement d'Europe
1908
huile sur toile
130 × 162 cm
Berne
Kunstmuseum Bern

peinture chez Böcklin, et en musique chez Offenbach, Wagner et Mahler.

Clairement placées sous le signe de la transgression, ces scènes se concentrent sur l'union de la femme avec une créature hybride ou animale, familière de l'imaginaire mythologique. Jupiter se transformant en taureau pour séduire et enlever Europe, Satyre, demi-dieu aux jambes et pieds de bouc, ou Silène, compagnon de Dionysos, à la sexualité suractive et orgiaque, sont les héros déviants de ces interprétations modernes et décomplexées qui font fi des interdits. C'est une sensualité agressive et première qui anime ces œuvres, que leur dédain du bon goût et de la bienséance, et l'ironie malicieuse de leur auteur portent vers un registre jubilatoire. Parfaits lieux de fantasmes, ces tableaux hypertrophient le rôle de la femme tantôt dans la passivité, en victime violentée dans *Satyre enlevant une femme au galop*, tantôt provocatrice harcelante dans *Femme nue lutinant un Silène.* Plus iconoclaste encore, la grande toile ambitieuse présentée au Salon d'Automne de 1908, consacrée à *L'Enlèvement d'Europe,* inverse les rôles entre le dieu séducteur et sa proie. Europe est devenue la femme dominatrice quintessentielle de l'univers de Vallotton. Elle chevauche l'animal divin en l'aveuglant, et par son regard dirige l'étrange pérégrination maritime, maîtresse de son destin.

Femme nue lutinant un Silène
1907
huile sur toile
88 × 83 cm
Lausanne, musée cantonal des Beaux-Arts

Satyre enlevant une femme au galop
1910
huile sur toile
60 × 72,7 cm
Lausanne, musée cantonal des Beaux-Arts

FÉTICHISME

Il est dans l'œuvre de Vallotton une catégorie d'œuvres un peu à part, un entre deux genres, en tension entre le portrait et l'étude de modèles. Le peintre, qui qualifiait ces tableaux dans son *Journal* de « simili-portraits », y met obsessionnellement en scène des femmes au bord du déshabillage et du dévoilement. Le fond est invariablement neutre, laissant à distance tout contexte narratif ou social précis. Dans sa liberté, Vallotton souscrit au grand jeu des stéréotypes culturels et sexuels. Peau claire contre peau foncée, la belle complémentarité picturale, qui renvoie à une longue tradition, les femmes au regard absent ou insaisissable mettent en valeur les attraits cachés de leur corps par l'accessoire. Le chapeau et le corsage du *Chapeau violet*, le châle, le collier et la rose de *La Mulâtresse* drapée dans un châle rouge, sont autant d'objets de fixation du désir. De subalternes, ils sont devenus essentiels, agrandissant et révélant, dans des compositions cadrées serré à mi-corps, le régime fondamentalement fétichiste de l'image chez Vallotton. S'il est en effet une figure de style privilégiée chez lui, c'est certainement celle de la métonymie. Les scènes d'intérieur abondent d'éléments de décor, de détails vestimentaires, pour indiquer et se substituer à ce qui ne peut être vu. De ce jeu de correspondances entre le tout et la partie, qui n'a déjà pour sujet que la désignation de l'interdit, à un morcellement plus concentré de la représentation, il n'y a qu'un pas que Vallotton franchit précisément avec ces figures entièrement dédiées aux combinatoires érotiques de l'œil. Les signes déclencheurs, ici très attendus et très codifiés, attisent le regard et l'imagination. Surdéveloppés comme l'hyperbolique chapeau violet, ou discrètement insistant comme le collier de la femme au châle rouge, mais toujours soulignés par une intensité

Le Chapeau violet
1907
huile sur toile
81 × 65,5 cm
collection particulière
Villa Flora Wintherthur

F.VALLOTTON.07

chromatique distinctive, ils sont la raison d'être du statut volontairement ambigu de ces toiles. Modèles, maîtresses, prostituées, ces femmes peuvent l'être tour à tour au gré des visions et des lectures. La neutralité de leur expression, l'indifférence de leur regard n'entravent en rien l'inquisition du spectateur. Mais si elles sont matières à fantasmes, le métier précis et inspiré de Vallotton les soumet pourtant à la règle commune d'un empire visuel concret et tangible. Nous ne sommes pas loin ici des natures mortes hyper-objectives que le peintre livre dans les années 1910 et 1920. La force obsédante du détail est aussi celle de l'époque, de la *Neue Sachlichkeit* (*Nouvelle Objectivité*) naissante, que Vallotton accompagne à sa manière, et des idées du philosophe Ludwig Wittgenstein, qui dans son *Tractatus logico-philosophicus,* écrit pendant la Première Guerre mondiale, énonçait : « Ce qui peut être montré n'a nul besoin d'être dit. »

La Mulâtresse
1913
huile sur toile
100 × 81 cm
Winterthour,
Kunstmuseum

ICONOCLASME

La surréalité dérangeante de l'univers visuel de Vallotton repose avant tout sur une vaste méditation de la tradition réaliste européenne, et particulièrement de sa page moderne écrite au XIXe siècle. Cette mise en abyme de la vraisemblance et de l'illusion, poussée dans ses retranchements les plus stylisés, théâtraux ou caricaturaux, court dans toute l'œuvre. Quelques toiles cependant déclarent ouvertement avec provocation et humour un jeu sur la référence, constamment tendu entre hommage et iconoclasme. Dans ces œuvres, Vallotton met littéralement à nu – l'enjeu de ces toiles étant précisément le corps féminin – la part symbolique et mémorielle de toute représentation, fût-elle écrite selon les codes les plus réalistes. *Le Bain au soir d'été* est à cet égard la plus étrange de ces déclarations. Peinte alors que Vallotton cherche encore ses marques esthétiques et la voie d'une reconnaissance critique et publique, la toile fonctionne comme une œuvre laboratoire, où les allusions à l'histoire de la peinture ouvrent les portes de l'inconscient du peintre. Vallotton convoque la référence de *La Fontaine de Jouvence* de Lucas Cranach, qui lui permet de revendiquer un héritage germanique, où l'alliance de l'allégorie et de la crudité de la représentation forme déjà une des voies les plus singulières du réalisme pictural. Sur ce présupposé lettré, Vallotton plaque une vision bidimensionnelle et décorative, totalement exacerbée, qui lui permet de déployer sans ambages le registre détonnant du fantasme fétichiste associé à la charge satirique. Le critique Félix Fénéon, découvrant l'œuvre au Salon des Indépendants de 1893, renvoie avec justesse à une lecture premier degré et parodique : « Un qui s'est payé la trombine des visiteurs, c'est Vallotton : il nous montre une tripotée de femmes, des jeunes et des vieilles, à la baignade, y en a à poil, d'autres en chemise ; c'est tout plein gondolant ! » Catalogue

Le Bain au soir d'été
1892-1893
huile sur toile
97 × 131 cm
Zurich, Kunsthaus Zürich

de types, de poses et de gestuelles, la toile décline le corps féminin en autant de signes sexuels distinctifs que d'allusions directes à des œuvres modernes ou contemporaines de Renoir, Toulouse-Lautrec, Degas, Puvis de Chavannes ou Manet. Scène de baignade, grand collage ultra référencé, où la fragmentation des corps reflétés dans l'eau achève de déréaliser l'obsession sexuelle, *Le Bain au soir d'été* martèle jusqu'à l'exaspération humoristique combien, loin de tout académisme, le corps des femmes est consubstantiel à une certaine histoire du regard et de la représentation moderne.

Dans ce musée imaginaire de la peinture ouvertement sexualisée, Ingres, Courbet et Manet occupent les premières places, et Vallotton va régulièrement paraphraser et transgresser leurs compositions les plus célèbres. Vallotton vit pour la première fois *Le Bain turc* au Salon d'Automne de 1905, et en fut ému aux larmes. Le chef-d'œuvre tardif et testamentaire du maître de Montauban, qui procède par saturation de l'espace et accumulation des corps saisis dans le cadre fantasmatique d'un Orient très occidentalisé, touche à l'évidence l'artiste passé maître dans le refoulement sensuel. Le témoignage rapporté par Thadée Natanson est à cet égard éclairant lorsqu'il laisse dire au peintre : « Rien de plus que la façon dont Ingres enserre la figure de son trait, ne m'a fait subir la tiédeur d'un corps de femme et le poids d'un sein », suggérant au passage l'ajout, à l'équation peinture / plaisir, d'une zone plus trouble liée au sadisme, « s'il entendait soutenir que des modèles avaient eu à se plaindre des violences du maître du *Bain turc*, il ne songeait pas à les défendre et son sourire de satisfaction ne l'aimait que davantage de s'en comprendre plus proche ». La réponse au manifeste ingresque ne se fit pas attendre, et la toile de 1907 relit dans une froide distance le

La Blanche et la Noire
1913
huile sur toile
114 × 147 cm
Winterthour, Fondation Hahnloser / Jäggli, Villa Flora

Femme au perroquet
1909-1913
huile sur toile
114 × 163 cm
collection particulière, Suisse

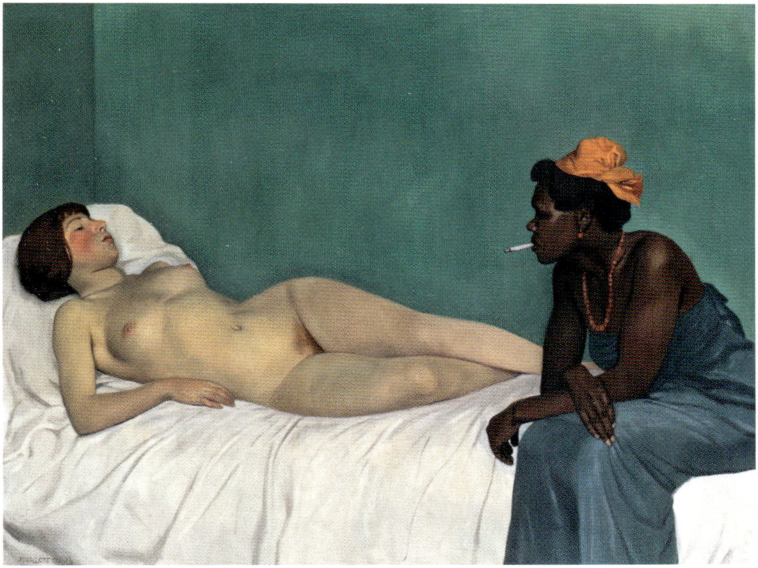

F.VALLOTTON.09

voyeurisme inhérent à la peinture, en ne pouvant s'empêcher l'amorce d'un suspens narratif par les regards de deux indolentes tournés avec insistance vers la figure vue de dos, corps cachant son secret aux yeux du spectateur. Plus prosaïques et littérales les relectures de la *Femme au perroquet* de Courbet et d'*Olympia* de Manet modernisent, par leur dépouillement, leur franchise de ton face à l'acte sexuel, assumée jusqu'à la vulgarité, les deux grandes leçons de vérité énoncées sous le Second Empire. Sans artifices, Vallotton reprend à son compte l'ironie des amours jupitériennes réduites à la condition domestique d'un animal de compagnie, ou l'instant suspendu – le détail des joues rougies ! – de l'après-plaisir. En malmenant avec amour ces modèles indépassables, il lie définitivement le peintre, le spectateur et le voyeur.

Le Bain turc
1907
huile sur toile
130,5 × 195,5 cm
musées d'Art
et d'Histoire de la Ville
de Genève

F. VALLOTTON . 07

IRONIE

Froide, acerbe, mais minée par l'humour, l'œuvre de Vallotton est par définition ironique. Le décalage entre la forme rationnelle et ordonnée et le fond névrosé et violent ouvre régulièrement la voie à la raillerie, comme un système d'autodéfense émotionnel. La force de la charge ironique s'épanouit naturellement dans l'efficacité cinglante de l'œuvre gravé, ce que Julius Meier-Graefe, auteur de la première monographie consacrée à l'artiste, publiée en 1898, résuma parfaitement : « Vallotton reste à la surface ; son humour, son ironie sont en quelque sorte des cuirasses qui l'empêchent de s'occuper des choses avec plus de profondeur qu'il ne voudrait et qui lui permettent en même temps de les aborder sans tomber dans la sentimentalité. » *L'Alerte* est un parfait exemple d'un exercice léger et quelque peu gratuit, où la provocation s'accomplit par le vecteur du grotesque. Version comique du *Bain au soir d'été*, la gravure reprend le thème érotique du bain féminin pour mieux l'outrepasser. Jouant toujours brillamment de l'expressivité du contraste binaire du noir et blanc, Vallotton centre sa composition sur la grivoiserie d'un postérieur dénudé par un cygne agressif, dont le long cou avoue une des multiples métaphores phalliques qui parsèment son œuvre. Le regard critique suraigu de Vallotton sait aussi se faire redoutablement efficace dans la satire sociale. Les rapports de domination, intimes comme politiques, et leur possible inversion ironique scandent son œuvre. Par son évidente proximité avec la tentation caricaturale de son monde graphique, *La Maîtresse et la servante* avait particulièrement retenu l'attention de Meier-Graefe : « Vallotton s'adonne aux tentatives les plus osées. Son dernier tableau dans ce genre présente deux femmes nues qui sont en train de descendre dans l'eau, la maîtresse et la

Le Mensonge
1898
huile sur carton
24 × 33,3 cm
Baltimore, The Baltimore Museum of Art

servante. La maîtresse possède cette distinction qui demeure même lorsque les vêtements sont quittés. Elle a dans ses mouvements l'hésitation des membres qui se raidissent contre l'eau froide. La pose est très osée, mais elle se profile, comme taillée au couteau, sur l'obscurité de l'arrière-plan, et malgré la dureté voulue du dessin, elle est d'une grâce qui s'impose. La chair de la dame est trempée dans du jaune lumineux, le corps prolétaire de la servante est d'un rouge brun, aux couleurs insignifiantes, aux lignes lourdes. » Étrange commentaire, sérieux et méthodique, qui s'acharne à contredire l'évidence de l'outrance, de la comédie sociale et de mœurs, grinçante et ultra-politique, dont la force du décalage caricatural trouve sans doute une de ses sources les plus sûres dans *Les Baigneuses* (1853, Montpellier, musée Fabre) de Gustave Courbet. Enfin, *Le Mensonge,* variation peinte des thèmes développés dans la série gravée *Intimités*, souligne, par la simple mise en scène de l'hypocrisie sentimentale, l'inévitable et cruelle ironie que Vallotton débusque au cœur de toutes les relations humaines, fussent-elles en apparence le plus fusionnelles.

La Maîtresse et la servante
1896-1897
huile sur carton
52 × 66 cm
collection particulière

L'Alerte
1895
xylographie
17,9 × 22,4 cm (planche)
Paris, Bibliothèque nationale de France, département des Estampes et de la Photographie

F. VALLOTTON 96

L'ALERTE
FV

JEUX DE RÔLE

Ces trois toiles posent avec éloquence la question de l'évolution de la peinture de Vallotton après 1900. Fidèle à la thématique du mensonge bourgeois et des secrets plus ou moins avouables qu'il entraîne, Vallotton n'en va pas moins changer l'optique de son approche. Lente infusion des pratiques photographiques ou premières expositions aux récentes lois spectaculaires du cadrage cinématographique, le peintre resserre son point de vue et dégage ses personnages des décors précis et souvent surdétaillés des *Intimités* et *Intérieurs* des années 1890. On ne parlera pas pour autant de neutralité, puisque c'est avec une nouvelle remarquable économie de moyens que l'artiste distille l'atmosphère des lieux de ces rencontres. Rituel du faire-valoir et du faire-savoir, la séduction est un spectacle traité comme tel par Vallotton. Le café du *Provincial*, le box capitonné très maison close de *La Chaste Suzanne* et bien entendu la loge de *La Loge de théâtre, le monsieur et la dame* permettent la dramatisation des regards et des relations, entre ombre et lumière. Le potentiel fictionnel de l'image reprend ici tous ses droits, et l'intrigue amoureuse ou sexuelle est peinte avec un sens de l'attente et du mystère, que l'on retrouvera dans les films noirs. Les deux univers partagent une fascination pour la part obscure de la société contemporaine et le sens du coup de projecteur sur l'envers du décor, ce qui devrait rester caché ou non dit. La tradition réaliste nordique et germanique que Vallotton n'a jamais cessé de revendiquer s'associe ici aux ambitions des témoins attentifs des solitudes modernes et urbaines que seront Edward Hopper ou Christian Schad. Dans la belle ampleur de cette nouvelle manière, le peintre saisit le statut changeant de la femme dans la société de son temps, tout en distribuant ses habituelles piques à l'égard de l'éternel féminin. Demi-monde

La Loge de théâtre, le monsieur et la dame
1909
huile sur toile
46 × 38 cm
collection particulière
Suisse

et prostitution sont les maîtres mots qui régissent ces trois comédies, ce que Vallotton révèle lui-même bien volontiers par les titres des œuvres. Dans l'une, un provincial, qui a les traits d'un des protagonistes benêts de la suite gravée *Intimités*, tombe dans le piège charmeur d'une belle splendidement chapeautée à la silhouette aiguisée et graphique. Par ce brillant effet de découpe, l'image retrouve la force incisive des bois gravés, et suscite ainsi parfaitement un sentiment de redoutable perversité. Dans une autre, c'est aussi une grande capeline qui signale le visage inquiet et inquiétant de la *dame,* quand les traits du *monsieur* restent indistincts et indifférents aux yeux du peintre. Enfin, *La Chaste Suzanne* met en scène l'emprise féminine dans l'ambiguë double transgression d'une transposition moderne d'un sujet tiré de l'Ancien Testament, ou d'un sujet moderne ironiquement titré. Suzanne en effet ne se baigne pas sous le regard concupiscent de deux vieillards, mais calcule d'un regard oblique les effets de sa séduction sur deux hommes ventripotents, réduits, comme les autres, à jouer les rôles secondaires.

La Chaste Suzanne
1922
huile sur toile
54 × 73 cm
Lausanne, musée cantonal des Beaux-Arts

Le Provincial
1909
huile sur toile
50 × 53 cm
collection particulière

F. VALLOTTON . 22

NARCISSISME

Avant de devenir une figure de légende de la vie artistique parisienne de la Belle Époque aux Années folles, Misia fut la muse de la décennie symboliste et nabie. Misia Godebska commença à se faire connaître comme pianiste, mais c'est son premier mariage en 1893 avec Thadée Natanson, le directeur de *La Revue blanche,* qui la place au centre d'un groupe d'artistes qu'elle inspire avec une intensité peu commune pendant quelques années, au point de devenir l'une des femmes les plus portraiturées de son temps. Bonnard, Vuillard, Renoir, Toulouse-Lautrec et Vallotton célébrèrent tous à leur manière le physique et la personnalité incandescente de l'amie, confidente, mécène et parfois amante. Annette Vaillant témoignait ainsi du magnétisme irrésistible et vénéneux de la belle : « Fée dangereuse, elle sait tout faire et tout défaire. Jolie, d'une beauté un peu canaille, malgré son profil de Minerve. Musicienne, irrésistible, adorée, rouée, elle ensorcelle tous ces jeunes hommes, mais il ne lui suffit pas de régner par la grâce : elle fera bientôt beaucoup de peine. » Cette œuvre est peinte alors que la relation entre Misia et son « cher Vallo » est à son plus intense, et que le peintre ne cesse de la portraiturer, donnant dans un geste dévastateur ses traits à la figure féminine de la série gravée *Intimités*. Déchiré entre la jalousie de sa future épouse, Gabrielle Rodrigues-Henriques, et le piège séduisant d'une proximité éphémère avec la diva capricieuse, Vallotton pare de toutes les ambiguïtés les effigies de Misia. Ici, s'il la saisit dans l'intimité de sa chambre du Relais, la maison de campagne qu'elle venait d'acquérir avec son mari, à Villeneuve-sur-Yonne, il mêle à cette réalité le souvenir encore très récent d'une des compositions (*Apprêts de visite*) de la suite *Intimités*, qu'il est en train d'achever pour *La Revue blanche*. Et c'est au fond un double narcissisme

Misia à sa coiffeuse
1898
détrempe sur carton
35,9 × 29 cm
Paris, musée d'Orsay

F. Vallotton 99

amoureux et séducteur qui sous-tend cette œuvre précieuse et délicate. Misia, sûre de son charme et de son emprise, parfait la mise en valeur de ses attraits. Abîmée dans sa contemplation, on reconnaîtra ici le thème du miroir si cher à l'univers symboliste, elle est ce monstre d'égoïsme, la créature froide et calculatrice qui parcourt alors avec tant d'insistance l'œuvre de Vallotton. Mais, l'artiste l'attrape à sa façon, et la fait sienne dans son univers de peintre, qui cite ici si explicitement son monde gravé, dans la géométrie radicale d'aplats implacables. Il pousse même son appropriation jusqu'à accrocher au mur une de ses œuvres gravées, au demeurant sans doute imaginaire, comme pour mieux marquer son territoire. Pourtant, la lutte était vaine, le combat perdu d'avance, et Vallotton fit bientôt le choix d'un mariage rangé qui lui offrit la sécurité matérielle. L'artiste s'était brûlé avec talent au contact de celle que Paul Morand dans *Venises* épinglait à son tour : « Boudeuse, artificieuse [...], géniale dans la perfidie, raffinée dans la cruauté [...], prisant et méprisant hommes et femmes, du premier coup d'œil. »

Apprêts de visite (Intimités VIII), détail
1898

xylographie
Cabinet d'arts graphiques des musées d'Art et d'Histoire de la Ville de Genève

APPRETS DE VISITE

OBSESSION

Série, répétition, rythme et cadrage sont les maîtres mots d'une grammaire plastique dont le caractère obsessionnel est une des marques les plus fortes. Le couple et le corps féminin sont l'enjeu d'inlassables narrations et variations, qui agissent comme autant de dévoilements psychologiques d'un artiste qui, par ailleurs, se livre très peu. Synthèse brillante de la composition obtenue par la décomposition, de la partie qui devient un tout, l'épreuve justificative de la destruction des bois de la série des *Intimités* est une des créations visuelles les plus marquantes de Vallotton. Elle place son génie de graveur au cœur de la déconstruction narrative moderne, comme son dispositif visuel la situe à l'exacte intersection des images photographique et cinématographique. Elliptique mais parfaitement lisible, elle condense la narration par le pouvoir suggestif de fragments, comme le ferait dans le vocabulaire filmique une bande-annonce ou un générique de fin. En l'occurrence, il s'agit ici d'une destruction physique, celle des blocs originaux ayant servi à l'édition des planches, qui rejoint symboliquement celle de la relation amoureuse, probablement celle de Vallotton et de Misia Natanson qui venait de s'achever, objet des dix compositions d'*Intimités*. Adjointe à chaque album édité, cette onzième création est née de la découpe que l'artiste opéra dans les matrices afin d'isoler un détail significatif de chacune des dix scènes. Une fois associées, les parties furent imprimées sur une seule planche. *Storyboard* avant l'heure, cette planche ne fonctionne qu'à partir de l'usage fétichiste de gros plans, qui isolent à dessein visages, épaules et bras, cous et nuques, comme de petites séquences sur le désir, l'hypocrisie, le mensonge et la cruauté. L'œuvre, née de la série mais unique en son genre, tient un subtil équilibre entre attachement au

Quatre torses
1916
huile sur toile
92 × 72,5 cm
Lausanne, musée cantonal des Beaux-Arts

F. VALLOTTON.16

sujet, à la résonance autobiographique indéniable, et exercice plastique pur.

Près de vingt ans plus tard, avec *Quatre torses* de femmes nues, la fragmentation et la répétition ont infiltré la toile. Probablement associée aux « essais un peu nouveaux » que Vallotton mentionne dans une lettre adressée à son frère le 29 décembre 1916, l'œuvre n'est sans doute pas dans l'esprit du peintre une étude isolée et secondaire, puisqu'il l'exposa à Paris en 1919. Elle synthétise en effet à son point le plus extrême l'alliance du sériel et du fragmentaire autour du corps féminin sans identité, qui devient un enjeu presque dématérialisé et abstrait. Parfait exemple de la modernité paradoxale de Vallotton, l'œuvre rejoint le grand questionnement de la figuration des avant-gardes du début du XXe siècle. On peut ici songer à Picasso, mais plus sûrement au trio Duchamp, Man Ray et Picabia, où l'enjeu de la fragmentation du corps féminin, dominé par le leitmotiv obsessionnel du torse, nourrit de fructueuses alliances entre érotisme et recherche plastique.

Intimités, épreuve justificative de la destruction des bois composée de dix fragments
1898

xylographie
18,8 × 22,8 cm (planche)
Cabinet d'arts graphiques des musées d'Art et d'Histoire de la Ville de Genève

RADICALITÉ POLITIQUE

C'est au début des années 1890 que l'engagement politique de Vallotton fut le plus tangible. Sa sensibilité d'observateur aiguisé de la société de son temps comme le refoulement pulsionnel, cadenassant les affects et les opinions, l'ont naturellement tourné vers l'exutoire de l'utopie et de la violence anarchiste. Il écrivait ainsi à son frère en novembre 1892 : « Paris est agréable, mais le malaise politique gêne pour tout. L'anarchie seule profitera de tout ça, et d'ici peu, sans doute, en verrons-nous les effets. » C'est par son œuvre de dessinateur de presse, moyen privilégié d'expression spontanée et réactive aux événements, et par la gravure que Vallotton exprimera, avec plus de constance qu'on ne le pense, une vision qui ne relève pas de la conviction, mais d'une perception désabusée et finalement très nihiliste de son époque. Un certain nombre de contributions scandent cet intérêt pour la radicalité politique, principalement des illustrations pour des revues anarchistes comme *La Revue anarchiste* d'André Ibels, *Le Père Peinard* d'Émile Pouget, et plus encore *Les Temps nouveaux* de Jean Grave, qui avait annoncé ainsi le lancement de la publication : « Nous demanderons aux artistes, aux littérateurs, s'ils ne souffrent pas du présent ordre des choses. Si, journellement, ils ne sont pas froissés des petitesses de la vie courante ; écœurés de la médiocrité du public auquel ils s'adressent, médiocrité dont ils doivent tenir compte s'ils veulent vivre de leur art. » Vallotton, lecteur et illustrateur de Kropotkine (1913 et 1914) comme de Zo d'Axa, signe également un portrait gravé de Ravachol, exposé à la galerie Boussod & Valadon en 1893. Mais, sans doute plus que ces signes directs de sympathie à l'égard de la nébuleuse anarchiste de la fin du siècle, quelques bois gravés témoignent de la connivence philosophique plus profonde de l'artiste avec le désordre révolutionnaire.

La Manifestation
1893
xylographie
20,3 × 32 cm (planche)
Paris, Bibliothèque nationale de France, département des Estampes et de la Photographie

LA MANIFESTATION
FV

L'Anarchiste et *La Manifestation* attrapent ainsi le climat politique très instable du Paris des années 1890, des émeutes du 1er mai 1891 à l'assassinat, en juin 1894, du président de la République, Sadi Carnot, comme *Intimités* saisit la sourde oppression du mensonge des conventions dans les rapports amoureux. Entre l'ordre figé qui règne autour de l'arrestation d'un jeune activiste et la dynamique chaotique de la foule vue en raccourci – au passage l'une des saisissantes compositions du graveur – on retrouve tout l'univers sous tension de Vallotton, entre oppression et saillie violente. Une contestation de l'ordre établi, de fond mais moins politique, continuera de s'exprimer, au-delà des enthousiasmes de la jeunesse, dans la série *Crimes et châtiments,* publiée par *L'Assiette au beurre* en 1902, et l'amer constat de *C'est la Guerre !* en 1915-1916.

L'Anarchiste
1892
xylographie
17,1 × 25 cm (planche)
Paris, Bibliothèque nationale de France, département des Estampes et de la Photographie

RAIRIE
ODES
VINS LIQUEURS
ETERIE
BOCK 30
INTHE
L'ANARCHISTE.

ROMAN FAMILIAL

L'univers familial et intime de Vallotton est traversé par des tensions qui recoupent à peu près exactement les évolutions successives de son œuvre. Partagé entre deux pays et leurs cultures respectives – Vallotton sera naturalisé français en 1900 –, anarchiste rebelle rejoignant le confort et le conformisme de la haute bourgeoisie par son mariage, suisse protestant entrant dans une grande famille juive française, la vie de l'artiste frappe par ces séries de chocs et de contradictions, qui ont à l'évidence nourri une conception de la représentation, pratiquement entièrement dédiée à la névrose intime et sociale. Même si elle est rarement littérale, la dimension autobiographique se révèle un angle de lecture très pertinent de beaucoup de scènes rendues anonymes par l'usage du stéréotype ou du symbole. Quelques toiles cependant confrontent le spectateur à un récit plus direct de l'intime. Les portraits bien sûr se chargent de camper les personnages, dans leur élégance glacée venue des primitifs germaniques. Parents, maîtresses, amis défilent assez sagement somme toute, si l'on met un peu à part l'instant Misia et la perturbation vénéneuse et irrésistible qu'elle sème dans l'œuvre gravé comme dans l'œuvre peint. Mais cet ordre des choses change à l'approche du mariage de Vallotton avec Gabrielle Rodrigues-Henriques, qui eut lieu en 1900. Veuve et mère de trois enfants, Gabrielle est la fille du grand marchand de tableaux parisien Alexandre Bernheim. L'union, qui entraîne la rupture avec Hélène Chatenay, compagne de longue date du peintre, ainsi que l'éloignement de Misia, se fait sous les auspices de la raison plus que de la passion, comme l'indique Vallotton à son frère : « Nous pensons vivre tous les deux sans rien changer à nos habitudes ou presque, moi à mon travail, elle à son intérieur, ce sera très raisonnable. » L'arrière-plan de ce mariage,

Portrait de Madame Vallotton
1905
huile sur toile
89 × 116 cm
Bordeaux,
musée des Beaux-Arts

que l'on sent désenchanté avant même d'avoir été célébré, est aussi celui de la réussite sociale et matérielle dont bénéficie désormais l'artiste, à laquelle s'ajoute l'importante réputation de la galerie familiale qui va vite exposer ses œuvres. « La famille me sera, j'y compte, d'un puissant secours dans ma carrière : ce sont de gros marchands de tableaux », écrivait Vallotton à ses parents, laissant planer la plus parfaite ambiguïté sur ses motivations. On ne saura bien sûr jamais la part de cynisme et de calcul que la situation pouvait exactement recouvrir, pourtant les tableaux témoignent d'un malaise continu quant à la représentation de sa femme et de sa belle-famille. Le *Portrait de Madame Vallotton*, peint cinq ans après leur mariage, est un des exemples les plus démonstratifs de la distance creusée entre le brillant savoir-faire formel du peintre et son apparente déconnexion émotionnelle du modèle. Exposée au Salon des Indépendants de 1905, et remarquée pour son insistant néoclassicisme et sa référence à Jacques-Louis David, la toile dérange par son non-dit. « On est même si intéressé par les étoffes qu'on oublie de contempler le visage banalement indifférent, les mains sèches. Or, dans un portrait le visage humain ne devrait-il pas être l'essentiel ? » écrivait Louis Vauxelles, enfermant Gabrielle dans son contexte, comme Vallotton ne cessa de le faire au fil de scènes d'intérieurs où elle n'apparaît que rarement pour elle-même. À l'inverse de l'austère et dépouillé traitement, grandement inspiré par son admiration pour Holbein, qu'il réserve à la part suisse de sa famille, Vallotton ne perçoit les Bernheim que dans l'environnement de leur galerie et de leurs appartements. Le décor dramatisé du *Billard,* éloignant irrémédiablement Vallotton de sa belle-famille, ne parle que d'aliénation, résonnant comme l'écho visuel de la terrible confidence lâchée

Le Billard chez MM. Bernheim Jeune
1902
huile sur carton
67 x 52 cm
collection privée

au détour d'une lettre : « Je vis au milieu d'étrangers. » On pourrait alors voir dans *Le Dîner, effet de lampe* la scène primitive, peinte quelques années auparavant, de cette impossible intimité familiale. Jamais recomposée, et déjà atomisée, la famille ne se livre qu'à un théâtre grinçant et absurde pour le peintre, dont la silhouette de dos nous invite à partager le point de vue. Dans le « Famille, je vous hais » de Vallotton, Max, son beau-fils, s'abîme dans la nourriture, quand Madeleine, sa belle-fille, petite poupée inquiétante, dévisage méchamment le peintre, sous le regard vide de sa mère. Rarement le rite familial aura été l'objet d'un massacre aussi définitif. Rarement un artiste aura avoué et exorcisé avec autant de violence la solitude de son naufrage intérieur.

Le Dîner, effet de lampe
1899

huile sur carton marouflé sur bois
58 × 90 cm
Paris, musée d'Orsay

SADISME

C'est par le truchement traditionnel de mythes antiques que Vallotton s'est le plus approché de la représentation d'une forme de perversion sexuelle dans laquelle le plaisir est lié à la souffrance ou à l'humiliation infligée à autrui. Dans le vieux fonds des récits immémoriaux de la psyché culturelle européenne, transmis ici par Ovide et l'Arioste, incessamment réactivé depuis la Renaissance par les peintres, deux thèmes ont particulièrement suscité des lectures fantasmatiques violentes. *Andromède debout et Persée* et *Roger et Angélique* (voir pages de garde) ont en commun un climax qui met en scène une héroïne martyre, prisonnière sur le point d'être sacrifiée à un monstre, mais que le héros sauve *in extremis*. Le cadre est semblable, un rocher léché par les flots est le lieu de l'agonie dénudée des deux belles. Ingres, qui fut l'une des références les plus prisées de Vallotton, se délecta des distorsions sensuelles que le corps d'Angélique enchaîné pouvait connaître sous son pinceau, en consacrant plusieurs tableaux au sujet, insistant et cadrant de plus en plus près les formes de l'infortunée. C'est cette approche érotisée que Vallotton suit à son tour, fidèle en cela à la « furie libidineuse », selon le mot même de l'Arioste du *Roland furieux,* le grand poème dont est tiré l'épisode. Dans la gravure qu'il consacre au sujet, l'artiste déploie un maniérisme épique rare chez lui, notamment dans le dessin du monstre et du preux chevalier, qui signale une échappée lyrique, un emballement révélateur. Anéantie sur la rive, Angélique n'est plus qu'un corps offert et vulnérable après la souffrance. Douleur et plaisir sont alors réversibles et Vallotton, passé maître dans l'ambiguïté, ne choisit pas. Vision sadique de la satisfaction sexuelle, la gravure retient aussi la métaphore de la frustration consubstantielle

Andromède
1918
huile sur toile
100 × 81 cm
Berne, Kunstmuseum Bern

au thème. On sait en effet qu'après avoir été libérée, Angélique disparaîtra par magie, laissant Roger fou d'un désir inassouvi. La lance phallique perçant le monstre joue ici, et depuis Ingres notamment, le rôle d'une métaphore parfaite. On retrouve la même violence sexualisée dans *Andromède debout et Persée*, indépendamment d'une écriture picturale plus tardive qui oscille entre un néoclassicisme objectif (*Andromède*) et les vertus hallucinatoires d'une représentation irréelle et fantastique (*Andromède debout et Persée*). Les styles changent mais le motif demeure, un corps malmené et objet de désir, que Vallotton, reprenant en cela le chemin d'Ingres, isole à son tour, oubliant l'inutile Roger en une élision virtuelle qui nous fait basculer du récit vers l'obsession. Pour autant, la perversion ne s'arrête pas là puisque le corps tendu et musculeux d'Andromède, comme ses traits masculinisés, réunissent héros et héroïne dans le même fantasme. Freudien avant l'heure, Vallotton tente-t-il de nous dire en peinture que le sadisme n'est qu'un masochisme qui s'ignore ? Le peintre s'identifie-t-il à cette créature androgyne de légende pour mieux mesurer sa douleur et donc le plaisir qu'il y a à représenter sa dramatisation visuelle ? Face aux impossibles réponses, on se contentera de savourer à leur juste mesure les vertus libératoires, pulsionnelles et plastiques de cet éternel retour aux mythes, aux structures archaïques de la fiction et du récit.

Andromède debout et Persée
1918

huile sur toile
92 × 73 cm
collection particulière
Suisse

F.VALLOTTON.07

SOMMEIL

Femme couchée sur fond violet
1924
huile sur toile
54 × 73 cm
Brême, Kunsthalle Bremen-Der Kunstverein in Bremen

Nu à l'écharpe verte
1914
huile sur toile
112 × 145 cm
La Chaux-de-Fonds, musée des Beaux-Arts

Vallotton est constamment revenu au cours de sa carrière sur le thème de la femme assoupie, relisant à chaque fois le type iconographique de la Vénus endormie, fixé depuis la Renaissance. Mais, dans le contexte du début du XXe siècle, le thème du sommeil convoque, au-delà de l'histoire de l'art, des disciplines comme la psychiatrie et la psychanalyse naissante. L'époque s'est en effet passionnée pour cet état indécis, placé au-delà de la volonté et par son lien avec l'abandon érotique. Avant même que Freud ne propose l'investigation analytique des rêves, avec la publication en 1900 de *L'Interprétation des rêves*, poètes et peintres n'ont cessé de s'inspirer du pouvoir suggestif du sujet. Leurs modernes clés des songes, qui ne pouvaient encore se nourrir des distinctions freudiennes établies entre contenus manifeste et latent des rêves, restent à la surface des choses et égrènent la sensualité de corps libérés de pensée consciente et abandonnés à une volupté onirique. Sommet de l'approche licencieuse qu'autorise le sujet, le très baudelairien *Sommeil* de Gustave Courbet (1866, Paris, musée du Petit Palais) assumait la part fantasmatique du sujet en brisant avec emphase le tabou pictural des amours féminines. Au fond moins littéraire, Vallotton recentre le sujet sur des corps solitaires et en agence le dessin, les formes et la couleur dans un jeu essentiellement formel et sensuel. Isolées et dénudées, totalement soumises au regard et au désir d'autrui, ces femmes n'ont plus besoin de l'alibi mythologique ou poétique pour être de purs objets érotiques. Pourtant, Vallotton, artiste érudit, soucieux du défi à la tradition, n'a de cesse de se souvenir, dans les poses de ses modèles, des belles endormies de la mythologie, Vénus, Ariane ou Antiope, et de quelques exemples picturaux fameux, notamment puisés chez Ingres. Invariablement saisis sur un fond simplifié et synthétique, mettant en scène

par un contraste souvent violent et agressif la chair des corps au repos, par exemple, l'omniprésent fauteuil rouge à nouveau mobilisé dans *Femme nue assise dans un fauteuil rouge*. Pour cette dernière variation peinte au sommet de l'emprise nabie et des libertés expressives qu'elle prônait, où le corps subit d'étranges déformations, l'ensemble souscrit aux codes plus attendus de la concupiscence et de canons féminins citant souvent la silhouette callipyge de la longue tradition antique et moderne. Alors que la femme du *Sommeil* se love dans un repli égoïste, inaccessible au spectateur, peut-être suscité par le livre abandonné, celles du *Nu à l'écharpe verte* et de la *Femme couchée sur fond violet* s'offrent dans le *topos* de bras relevés, telles des Antiopes modernes, surprises par Jupiter métamorphosé en peintre et en spectateur. Ingres, qui avait traité le sujet, mais qui plus encore avait laissé le souvenir de la mythique *Dormeuse de Naples,* est la figure tutélaire sous laquelle Vallotton place la torsion voluptueuse de ces corps perdus dans leur jouissance rêvée. À l'évidence fasciné par les dissonances formelles de la peinture du glorieux aîné, il y puise un sens du découpage, des variations des postures et des stridences chromatiques, pour aller vers un pur plaisir de peinture, totalement déculpabilisé, puisque placé sous l'égide d'une conscience absente. Dans cette vision presque animale de la femme, on lira un nouvel exemple de la misogynie de l'artiste, mais celle-ci n'épuise pourtant en rien la leçon de peinture somme toute assez libre que ces nus énoncent. Se souvenant de l'indécence subtile et contrôlée d'Ingres, Vallotton sait qu'aucun regard ne doit empêcher la pleine possession de ces femmes vulnérables et disponibles, observées dans la convention d'une fausse effraction, dans l'excitation de l'interdit. Paupières closes, les belles n'ont pourtant jamais autant manifesté l'inévitable collusion de l'œil et du désir.

Le Sommeil
1908
huile sur toile
113,5 × 162,5 cm
musées d'Art et d'Histoire de la Ville de Genève

Femme nue assise dans un fauteuil rouge
1897
huile sur carton marouflé sur contreplaqué
28 × 28 cm
Grenoble, musée de Grenoble

F. VALLOTTON 08

F. VALLOTTON 97

SYMBOLISME

La disjonction entre le monde de l'idée et du symbole et un système de représentation ancré dans le naturalisme et le matérialisme du monde moderne fut l'un des grands débats de la fin du XIXe siècle. Naturellement sensible à la culture suisse et germanique, qui accorde à l'allégorie picturale une grande place comme le célèbre l'univers hiératique de Ferdinand Hodler, Vallotton livre avec ce nu une étrange hybridation entre ces valeurs plastiques déréalisées et sa pratique ouvertement sexualisée du nu. Dans une pose frontale et directe, la figure féminine aux formes de déesse callipyge, figure de style obsessionnelle chez Vallotton, n'affiche ni les caractéristiques iconographiques traditionnelles de la saison qu'elle est censée incarner, ni l'idéalisme épuré que la nudité allégorique est censée déployer. Reprenant prosaïquement la mise de sa coiffure, dévoilant par ce geste la pilosité des aisselles, détail à la charge érotique évidente, le modèle retient par sa bouche un long foulard à la métaphore phallique sans équivoque. Le regard insistant et provocateur de la femme achève de donner à cette nouvelle fixation érotique une dimension d'authentique perversité. C'est en effet toute la lecture de l'œuvre qui se trouve perturbée par ces signes insistants d'un ordre purement physique associé au registre symbolique. Image dérangeante, par la crudité même de son propos, et instable, par son statut incertain parmi les genres, *L'Automne* demeure une des plus étranges curiosités érotiques de son auteur. Terriblement lié à la culture visuelle symboliste, et à son cortège de figures féminines tentatrices et castratrices, *L'Automne* pourrait bien être le plus singulier surgissement de l'inconscient dans la peinture de Vallotton.

L'Automne
1908
huile sur toile
115 × 73 cm
collection Mirabaud, Suisse

F. VALLOTTON. 08

TABOU

Cette étude peu académique est un *unicum* dans l'œuvre de Vallotton, qu'il faut à l'évidence replacer dans le contexte des années de formation parisienne de l'artiste, passées pour l'essentiel au sein de l'Académie Julian. Il s'agit d'un exercice d'après modèle, mais celui-ci par son audace permet d'interroger les différents statuts de la représentation du corps féminin chez Vallotton. Depuis le milieu du XVIIIe siècle et la naissance de l'*esthétique*, la nudité du corps féminin est plus que jamais liée à une certaine loi de la beauté, que l'enseignement académique épuisera à l'envi tout au long du XIXe siècle. Pour autant, et c'est l'un des enjeux du tableau insolite de Vallotton, le nu, art de la forme et forme d'art, expression du genre sexuel, n'est pas à l'évidence le seul registre de représentation du corps dévêtu. C'est là toute la différence entre le nu, expression noble et référencée, et la nudité, qui suppose l'acte du dévoilement, de la gêne de l'accomplissement d'un geste privé, caché. La paire de fesses peinte par Vallotton transgresse donc un double tabou, culturel et esthétique. Présentant une nudité, plus qu'un nu, l'œuvre, par un cadrage resserré, partiel et partial du corps, fétichise son sujet jusqu'à frôler l'obscénité. Comment ne pas évoquer ici le corps morcelé le plus transgressif de l'histoire de la peinture, *L'Origine du monde* de Courbet ? Vallotton reprend le fil de la franchise réaliste, en négligeant à son tour l'ensemble d'un corps, pour en isoler une partie indigne et donc irreprésentable. Comme Courbet en son temps, Vallotton rejoint, par le choix de sa composition, la culture visuelle de l'image photographique, dans sa composante pornographique qui suppose l'anonymat des corps. Enfin, en respectant à la lettre une forme d'absolu réaliste, et en ne gommant pas la peau d'orange du modèle, Vallotton, iconoclaste et transgressif, achève de briser le lien entre nudité et beauté.

Étude de fesses
vers 1884
huile sur toile
38 × 46 cm
collection particulière

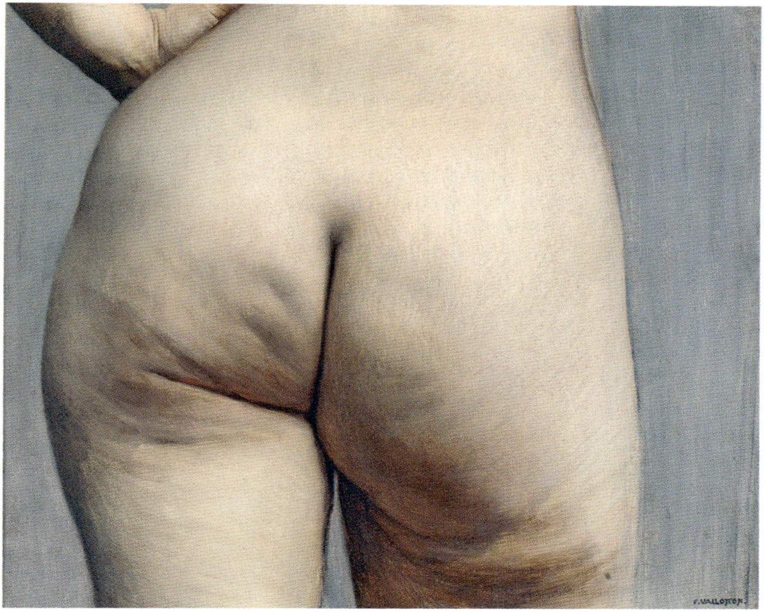
F. VALLOTTON.

THANATOS

Face au déchaînement de l'histoire, au drame collectif qui réduit à néant l'individuel et à l'horreur absolue du réel, Vallotton s'est beaucoup interrogé sur la nature et la valeur de leur représentation, livrant une grande partie de ses réflexions dans un texte intitulé *Art et guerre*, publié en décembre 1917. Lorsque la Première Guerre mondiale éclate, Vallotton, trop vieux pour être mobilisé, est gagné par un sentiment d'inutilité et d'impuissance. D'abord tétanisé face à l'impossible sujet, et aux facilités des images de propagande, Vallotton entrevoit en 1916 une première voie allégorique, qui lui permet de transcender la charge émotionnelle du sujet. Le 30 juillet 1916, il écrit : « La grande œuvre c'est la guerre ; je cherche à me nourrir de tout ce qui peut ressortir d'humain et de grand, à travers le fatras des nouvelles. » Humain et grand, *L'Homme poignardé* l'est assurément. Peint sur le modèle d'un tableau antérieur datant de 1894, *Le Cadavre*, décalque du fameux *Christ mort* de Holbein, le tableau est une commande du collectionneur de Winterthour, Arthur Hahnloser. Vallotton transpose le « portrait de cette chose morte », tant admiré au musée de Bâle, dans les temps menaçants du conflit. Se rapprochant de sa relecture des mythologies antiques, le peintre héroïse la mort en la dramatisant sous des nuées inquiétantes et, fichant un couteau dans la poitrine du martyr, en donnant une cause symbolique violente à l'inéluctable. L'artiste ne poursuivra pas dans cette approche allégorique et va souhaiter se confronter plus directement aux signes du cataclysme, mais il est taraudé par les limites de la représentation, bousculant au passage le réalisme suraigu qui est au cœur de son système esthétique, comme il l'avoue alors : « Où est le vrai dans tout cela ? Où est l'image-type ? Où est l'accent pour le peindre ? Que représenter dans tout cela ?

Verdun
1917
huile sur toile
114 × 146 cm
Paris, musée de l'Armée

Pas l'objet, ce serait primaire, encore qu'on n'y manquera pas, et cependant un art sans représentation déterminée d'objets est-il possible ? Qui sait !... » *Le Cimetière militaire de Châlons,* peint en 1917, n'abandonne pas encore la représentation mimétique du réel, mais trouve une voie médiane par la répétition quasi abstraite des signes de la mort, et par la force d'accumulation et de saturation, jusqu'à l'insoutenable, qu'ils imposent à l'espace : « Et les charniers labourés de la Somme sont-ils eux-mêmes plus ou moins éloquents que ce terrible cimetière de Châlons, par exemple, si correct et propret dans l'alignement impeccable de ses sept mille cinq cents croix ? », interroge le peintre. *Verdun* sera la grande réponse de Vallotton aux questions philosophiques et plastiques soulevées par la représentation du conflit. La « toile raisonnée sur Verdun », ainsi qualifiée par le peintre, est celle qui dépasse l'allégorie ou la transcription littérale pour donner « cette définition de la lutte actuelle "un paysage qui vous tire dessus" ». Totalement déshumanisé, le spectacle de la guerre est celui de « forces » plus que la reproduction de leurs « effets matériels ». Flammes, fusées et fumées, gaz mortels sont les symboles terrifiants de l'entrée dans le XXe siècle, et d'une humanité littéralement anéantie. Le peintre de la comédie douce-amère des relations humaines n'a pas raté son rendez-vous avec l'histoire et le tragique.

L'Homme poignardé
1916
huile sur toile
97 × 131 cm
Winterthour,
Kunstmuseum Winterthur

Le Cimetière militaire de Châlons
1917
huile sur toile
54 × 81 cm
Paris, musée d'Histoire contemporaine – Bibliothèque de documentation internationale contemporaine

VERTIGE PHOTOGRAPHIQUE

Le Ballon
1899
huile sur carton marouflé sur bois
48 × 61 cm
Paris, musée d'Orsay

Vue prise d'une fenêtre du Relais à Villeneuve-sur-Yonne
1899
photographie de Félix Vallotton
Archives Édouard Vuillard, collection particulière

Bien que les archives photographiques qui nous soient parvenues restent modestes numériquement, notamment au regard de celles de son ami Édouard Vuillard, Vallotton a entretenu avec ce médium une relation assez nourrie et révélatrice de sa conception de la représentation et de l'image. Le peintre commence à pratiquer la photographie en 1899, avec l'achat d'un appareil Kodak, et c'est cette première et courte période, liée à la liberté d'expérimentation de sa période nabie, qui livre les clés les plus personnelles de son usage photographique. En effet, à côté d'une utilisation traditionnelle de la photographie comme source directe de tableaux ou de gravures, notamment pour des portraits, Vallotton a joué de la photographie comme un instrument de manipulation de l'image. Dans les écarts qu'il a voulu ménager entre la photographie et la peinture se trouve une des facettes du rapport ambigu au réalisme de l'artiste, fait de subjectivité et de sous-entendus narratifs et fictionnels. Ainsi, les liens formels et thématiques qui unissent la photographie prise chez Thadée et Misia Natanson au Relais, à Villeneuve-sur-Yonne, et *Le Ballon* s'entendent d'abord parfaitement dans la suite de la belle formule de Maurice Denis sur la naissance du mouvement nabi autour de Gauguin et de Sérusier : « Ainsi nous connûmes que toute œuvre d'art était une transposition, une caricature, l'équivalent passionné d'une sensation reçue. » Le tableau qui reprend le cadre, *a priori* innocent et harmonieux, des jeux de jardin impressionnistes distille, sous l'influence du basculement perspectif de l'optique photographique, un sentiment étrange et oppressant. Les angles de vue aléatoires et novateurs que l'allégement de la technique photographique permet dorénavant, ici un coin de fenêtre pour saisir le passage en contrebas des amis et d'un enfant,

sont détournés et accentués dans le tableau pour isoler la dynamique d'un jeu de balle où le petit joueur semble chercher à s'échapper vers la lumière de l'emprise dense et sombre de la nature. Tout aussi intrigant, le glissement du portrait photographique de Gabrielle Vallotton, pris à Étretat, vers une scène d'intérieur familiale inquiétante dans la peinture qui lui est associée. Dans cette interprétation picturale, où l'on retrouve les grands aplats chromatiques chers au peintre, et notamment l'insistante présence symbolique du rouge, l'épouse du peintre surveille désormais, sans empathie apparente, un petit enfant absent du cliché. On notera au passage qu'il s'agit dans les deux cas d'une relation photographie / peinture où l'enfance, et son échelle de perception décalée, autorise à merveille la distorsion du monde et des sensations. Au fil de ces variations, c'est toute la question d'une vérité illusionniste ou factuelle, mise en tension avec une vérité de la perception et de l'interprétation, que Vallotton se plaît à interroger.

La Chambre rouge, Étretat
1899
huile sur carton
49,2 x 59,3 cm
Chicago, The Art Institute of Chicago

Gabrielle Vallotton assise devant une cheminée - Étretat
1899
photographie de Félix Vallotton
collection particulière

VIOLENCE

Profondément polémique, le monde de Vallotton a d'abord, dans les années 1890, refoulé la violence en peinture, ne la laissant jaillir qu'à l'occasion d'œuvres gravées à forte teneur politique et sociale. Les années 1910 voient s'épanouir en peinture et en grand format une série de manifestes sur la guerre des sexes. « Qu'est-ce que l'homme a donc fait de si grave qu'il lui faille subir cette terrifiante "associée" qu'est la femme ? Il semble parfois, à voir des pensées si violemment contradictoires, et des élans si nettement contraires, qu'il n'y doive avoir de possibilités entre les sexes que comme vainqueur et vaincu », confie-t-il à son *Journal* en janvier 1918. En quelques toiles, héritières d'une peinture d'histoire rongée par le pessimisme plus que par le tragique, Vallotton déclame sa désillusion. Le recours au travestissement antique et mythologique, comme au récit biblique, n'altère en rien le registre choisi, celui d'une théâtralisation outrancière des actes et des gestes de pantins, jouets du déterminisme social et sexuel. Figés dans une chorégraphie grinçante, l'homme et la femme de *La Haine* rejouent, sur un mode presque tragicomique, la malédiction d'Adam et Ève et du Paradis perdu de l'harmonie originelle.

Comme toutes ces toiles métaphoriques et démonstratives, *La Haine* appelle d'immédiates comparaisons avec les écrits du peintre, notamment son œuvre de romancier. Ses trois romans – *La Vie meurtrière*, *Les Soupirs de Cyprien Morus* et *Corbehaut* –, dont aucun ne fut publié de son vivant, révèlent en effet la part la plus obscure de l'artiste. Confessions menées par le truchement du récit, les essais romanesques de Vallotton mettent des mots sur l'indicible de ses œuvres les plus violentes. Ainsi, un passage de *Corbehaut* renvoie-t-il directement à la vision

Orphée dépecé
1914
huile sur toile
250 × 200 cm
musées d'Art et d'Histoire de la Ville de Genève

exacerbée du tableau : « L'homme, fantoche articulé paradant, le chef haut, avec sa moustache en bois peint, son bedon, son monocle et ses guêtres [...] ; elle, composée, faite d'ornements et de chichis et si douloureuse dans son hiératisme de commande avec ses yeux et ses lèvres de ballerine ! »

Saturés de références formelles antiques, *Persée tuant le dragon* et *Le Viol* mettent à distance la réalité de leur sujet. Andromède a la pose de la *Vénus accroupie* de la tradition grecque et romaine et une moue dubitative bien peu conforme à la légende, quand Persée reprend le geste de l'archer, décliné également à l'époque en sculpture par Bourdelle pour occire un monstre marin réduit à l'état de crocodile. Le schéma affronté de la composition du *Viol* cite à l'envi vases et sculptures grecs de lutteurs déviant l'insoutenable et l'irreprésentable par la métaphore. Ici encore, les prolongations littéraires de la peinture de Vallotton affirment sans ambages une volonté de représenter des scènes d'amour d'une rare violence, brouillant les frontières entre l'acte sexuel et l'idée de viol ou de meurtre. Verdier, le héros et double de Vallotton dans *La Vie meurtrière*, se montre lucide face à la sauvagerie de son égoïsme, et instruit le procès de la responsabilité masculine : « Pourquoi la nature veut-elle que, nous autres hommes, nous ne puissions aimer que par la violence ? » ; « N'est-ce pas précisément la leçon de la vie que les faibles souffrent et meurent, afin que soit exaltée la force des forts ? »

Homme et femme ou *Le Viol*
1913
huile sur toile
200 × 250 cm
collection particulière, Suisse

Persée tuant le dragon
1910
huile sur toile
160 x 233 cm
musées d'Art et d'Histoire de la Ville de Genève

Cependant, seul *Orphée dépecé*, dont l'exécution fut significativement exactement contemporaine des débuts de la Première Guerre mondiale, ose l'horreur sanglante du massacre et du sadisme de

F. VALLOTTON. 10

la vengeance furieuse des Ménades, dont les visages déterminés tranchent d'un éclat vif et mauvais sur des corps blafards, comme de pierre. Le choc de la représentation de l'acte monstrueux rejoint les descriptions hyperboliques des horreurs tragiques et grotesques qui émaillent *Corbehaut*, comme un leitmotiv libérateur des pulsions les plus noires de son auteur. L'éviscération d'*Orphée*, parfaite métaphore du déchainement hystérique féminin, rejoint dans son délire maniaque l'invraisemblable accumulation de scènes de débauches, de crimes et de viols du roman. Aux yeux de Vallotton, cette barbarie immémoriale entre à l'évidence en résonance avec celle des temps nouveaux. Elle porte à une conclusion définitive la violence paradoxale de Vallotton, qui se sera pour l'essentiel exprimée en peinture dans une stratégie d'évitement, alors qu'elle se sera crûment déchaînée dans les mots.

La Haine
1908
huile sur toile
206 x 146 cm
musées d'Art et
d'Histoire de
la Ville de Genève

VOYEURISME

Parmi les nombreuses toiles que Vallotton consacre au nu féminin, certaines s'échappent du terrain entendu de l'étude, en révélant une approche plus trouble du genre. Peintes sur le registre de l'intrusion, elles apportent leur dû à un certain goût de l'époque pour la représentation d'une intimité ordinaire de la femme, que Baudelaire avait ainsi formulée dans sa nouvelle *La Fanfarlo* : « Quel est l'homme qui ne voudrait pas, même au prix de la moitié de ses jours, voir son rêve, son vrai rêve poser sans voiles devant lui, et le fantôme adoré de son imagination faire tomber un à un devant lui tous les vêtements destinés à protéger contre les yeux du vulgaire ? » La posture voyeuriste naît précisément de cette mise à nue observée et de l'absence de réciprocité du regard entre le regardeur et la femme épiée. Elle connaît un développement privilégié dans l'œuvre de Degas, auquel ces toiles de Vallotton ramènent irrésistiblement. Bousculant les règles du nu en représentation, Degas avait fait du regard caché la nouvelle norme du nu moderne. Sa fameuse confidence rapportée par George Moore en 1918 pourrait parfaitement s'appliquer au regard oblique que Vallotton porte sur ses intimités familières : « C'est la bête humaine qui s'occupe d'elle-même. Jusqu'à présent le nu avait toujours été représenté dans des poses qui supposent un public. [...] C'est comme si vous regardiez à travers le trou de la serrure. » Invisible aux yeux de ses protagonistes, Vallotton ouvre la porte des chambres et oublie la tragi-comédie conjugale, pour ne retenir que des instants soustraits au regard public. Avec ces toiles d'un ton singulier, le peintre développe vite un ensemble cohérent, qui fonctionne comme le double interdit et transgressif des séries gravées et peintes *Intimités* et *Scènes d'intérieur.*

Femme nue devant une armoire à glace
1897
détrempe sur carton
29,7 × 28,7 cm
collection particulière

F. VALLOTTON 97

Dans les intérieurs habituels de l'œuvre, où l'on retrouve par exemple dans *Femme nue devant une armoire à glace*, et dans *La Salamandre*, le fauteuil rouge d'*Intimités*, Vallotton met en scène de véritables jeux érotiques qu'une confidence faite à son *Journal* en août 1919 éclaire : « Il me semble que je peins pour des gens équilibrés, mais non dénués toutefois, – très à l'intérieur – d'un peu de vice inavoué. – J'aime d'ailleurs cet état qui m'est aussi propre. » La liberté d'approche du peintre est totale ; il suggère, il montre, il lève des interdits, comme des amours féminines des *Femmes nues jouant aux dames*, et assume pleinement le rapport ambigu qu'il instaure avec le spectateur. Pour que le plaisir voyeuriste opère, ces femmes sont des figures anonymes, au visage absent ou dissimulé, souvent vues de dos. Leur regard dérobé renvoie à ceux, cruciaux, du peintre et du spectateur qui les construisent littéralement dans le fantasme. *Femme nue devant une armoire à glace* et *La Salamandre* sont ainsi deux variations insistantes sur le thème de la Vénus callipyge, archétype féminin cher au peintre. Bas noirs et reflet distancié pour l'une, écrin géométrique et chromatique pour l'autre, suggérant une forme phallique dans le dos du modèle, signalent les corps sexuellement disponibles. Possibles scènes de maison close, ces œuvres énoncent tous les codes du plaisir, y compris lesbien, pour lequel Vallotton prolonge la fascination littéraire et picturale du XIXe siècle. La nature de la relation des deux protagonistes de *Femmes nues jouant aux dames* est implicitement donnée par le titre, quand le contraste des deux poses, offerte et passive pour la brune, tendue et active pour la blonde, la rend explicite. Impudique et licencieux, Vallotton révèle en quelques toiles sa capacité à célébrer un érotisme libre de pensée et de conscience.

La Salamandre
1900
détrempe sur carton
80,5 × 110,5 cm
collection particulière

Femmes nues jouant aux dames
1897
huile sur carton
25,5 × 52,5 cm
musées d'Art et d'Histoire de la Ville de Genève

Table des matières

Baltimore, The Baltimore Museum of Art : p. 45
Berne, Kunstmuseum Bern : p. 31
Brême, Kunsthalle Bermen-Der Kunstverein in Bremen : p. 75 haut
Chicago, The Art Institute of Chicago : p. 89 haut
Genève, musées d'Art et d'Histoire / photo Bettina Jacot-Descombes : p. 43, 91, 95 ; photo Yves Siza : p. 77 haut, 93 bas ; © Cabinet d'arts graphiques des musées d'Art et d'Histoire de la Ville de Genève / photo MAH-CdAG : p. 9, 10, 11, 13, 23, 55 ; photo André Longchamp : p. 59 ; photo Yves Siza : p. 99 bas
La Chaux-de-Fonds, musée des Beaux-Arts : p. 75 bas
Lausanne, Fondation Félix Vallotton : p. 19, 21, 27 haut, 29, 33 bas, 37, 47 haut, 71, 73, 79, 81, 89 bas, 93 haut, 97, 99 haut
Lausanne, musée cantonal des Beaux-Arts / photo J.-C. Ducret : p. 15 bas, 17, 33 haut, 51 haut, 57
Paris, archives Édouard Vuillard : p. 87 bas
Paris, musée d'Histoire contemporaine – Bibliothèque de documentation internationale contemporaine : p. 85 bas
Paris, Réunion des musées nationaux – Grand Palais : Michèle Bellot : p. 65 ; Jacques L'Hoir / Jean Popovitch : p. 77 bas, couverture ; Rmn – Grand Palais (musée d'Orsay) / Adrien Didierjean : p. 69 ; Rmn – Grand Palais (musée d'Orsay) / Hervé Lewandowski : p. 25, 27 bas, 53, 87 haut ; © BNF, dist. Rmn – Grand Palais / image BNF : p. 47 bas, 61, 63, pages de garde ; © Paris – musée de l'Armée, dist. Rmn – Grand Palais / Pascal Segrette : p. 83
Winterthour, Fondation Hahnloser / Jäggli : p. 35, 41 haut
Winthertour, Kunstmuseum Winterthur © Schweizerisches Institut für Kunstwissenschaft (SIK-ISEA), Zürich / photo Jean-Pierre Kuhn : p. 85 haut
Zürich, Kunsthaus Zürich : p. 15 haut, 39
Zürich, Schweizerisches Institut für Kunstwissenschaft © SIK-ISEA : p. 41 bas
Collection particulière : p. 49 ; photo François Doury : p. 67 ; photo Reto Pedrini, Zürich : p. 51 bas

Publication de la Réunion des musées nationaux – Grand Palais

Directeur des Éditions
Henri Bovet
Directrice adjointe des Éditions
Marie-Dominique de Teneuille

Chef du département du Livre
Marie-Blanche Maillard

Responsable d'édition
Anne-Sophie Grouhel - Le Tellec

Correctrice
Marianne Fernel

Recherche iconographique
Élise Vanhaecke

Agence photographique de la
Réunion des musées nationaux – Grand Palais
Frédérique Kartouby

Directrice artistique
Caroline Chambeau

Graphiste
Lauriane Breuiller

Responsable de fabrication
Hugues Charreyron

Les textes ont été composés en Garamond.
Les illustrations ont été gravées par 5 Continents Éditions, Milan, et Planète couleurs, Paris.
Cet ouvrage a été achevé d'imprimer en septembre 2013
sur les presses d'Ingoprint, Barcelone, Espagne, avec des encres végétales,
sur papier provenant d'une forêt durablement gérée.

ISBN 978-2-7118-6143-9
GB 10 6143
Dépôt légal : septembre 2013